PANDA SOUP

Text and illustrations by Terry T. Waltz

Panda Soup
Traditional Chinese version

Text and illustrations by Terry T. Waltz

ISBN-13: 978-1-946626-61-5
Published by Squid For Brains
Albany, NY
www.squidforbrains.com

Copyright ©2019 by Terry T. Waltz. All rights reserved. No part of this book may be reproduced or transmitted in any form or by any means, electronic or mechanical, including photocopying, recording or by any information storage or retrieval system, including with the intent to display it simultaneously to a larger audience, without the express prior written permission of the copyright holder.

Jamal 不喜歡吃漢堡包。

他不喜歡吃沙拉。

他也不喜歡吃披薩!

但是Jamal喜歡喝湯。

Jamal 有一個麻煩。
他沒有湯。

他很想喝湯,
但是他沒有湯喝。

Jamal 雖然 沒有 湯,
但是, 他 有 一塊 玉。

Giuseppe 說：
「想，但是 我 沒有 湯。」

Jamal 說：
「沒關係！
我 有一塊 玉。
我們 喝 玉湯，
好不好？」

Jamal 說：「雖然玉湯還不錯，但是玉湯加花生醬會更好喝！我很想要加花生醬！」

Jamal 說：「太好了！我要花生醬！」

Jamal 把 Giuseppe 的花生醬加進湯裡。

Jamal 說：
「小心！很燙！」

Giuseppe 說：
「還不錯！」

Jamal 和 Giuseppe 説:
「A-San, 你好! 好久不見!
我們 有 玉湯 加 花生醬。
你 想不想 喝 玉湯 加 花生醬?」
A-San 説:「玉湯 加 花生醬 好喝 嗎?」

Jamal 説:
「還不錯。
但是玉湯
加 花生醬
再 加 三明治
會 更好喝。
我 很
想要 加
一個 三明治,
但是 我們 没有!

Jamal 說：
「玉湯加花生醬
加 三明治
還不錯！

但是
玉湯加
花生醬
加 三明治
再 加 番茄醬
會 更 好喝！
我 很 想要 加
番茄醬！」

Bordon Cramsie 看到 Jamal 和 Giuseppe 和 A-San。

Bordon Cramsie 說：「你們好！我有番茄醬。玉湯加花生醬加三明治還不錯，但是，玉湯加花生醬加三明治再加番茄醬會更好喝！我們把我的番茄醬加進湯裡，好不好？」

Jamal 把番茄醬加進湯裡。
Giuseppe 和 A-San 說：「很好喝！」
Bordon Cramsie 說：「不錯。但是我的湯更好喝！」

Bordon Cramsie 的 朋友 很多。

他的 朋友 都喜歡 喝湯。

一個 朋友 加了 巧克力。一個 朋友 加了 起司。一個 朋友 加了 醬油。一個 朋友 加了 紅蘿蔔。一個 朋友 加了 水餃。

大家都很快樂，因為他們都喜歡喝好喝的湯。

Glossary

bǎ (把): ("take something and do something with it" - shows it's the thing you're doing something to)

bÚ / Bù (不): no, not

bÚCuò (不錯): not bad

CHĪ (吃): eat

DàJIĀ (大家): everyone

DànShì (但是): but

de (的): -'s, the one that

DÓU (都): all

FĀNqiÉJiàng (番茄醬): ketchup ("tomato sauce")

GĒN wǒ (跟我): with me

GĒNG (更): even (more)

Hàn bǎo BĀO (漢堡包): hamburger

hǎo (好): is good

hǎo Bù hǎo (好不好): okay?

hǎo HĒ (好喝): good to drink

hǎo jiǔ bÚ Jiàn (好久不見): Long time no see!

HĒ (喝): drink ("eat" for soup)

HĒ TĀNG (喝湯): eat soup ("drink soup")

hÉ (和): and

hěn (很): very

hěn DUŌ (很多): a lot

hěn Tàng (很燙): it's really hot

hěn xiǎng Yào (很想要): really want to

hónGluÓbo* (紅蘿蔔): carrots

HUĀSHĒNG Jiàng (花生醬): peanut butter

haÍ bÚCuò (還不錯): not bad

Huì (會): is likely to

JIĀ (加): add

JIĀ Jìn (加進): adds in

JIĀ le (加了): added

JiàngyóU (醬油): soy sauce

Jiào (叫): is named

Kàn (看): looks at

KànDào (看到): sees

KuàiLè (快樂): is/are happy

lǐ (裡): in, inside

mÁ (嗎): yes-or-no?

mÁfáN (麻煩): problem, irritation

mél GUĀNXì (沒關係): it doesn't matter

mélyǒu (沒有): doesn't have, there isn't

ne* (呢): ("what about...?")

nǐ (你): you

nǐ hǎo (你好): hello

nǐmen* (你們): you-all

pénGyǒu (朋友): friend

PĪ Sà (披薩): pizza

qǐ SĪ (起司): cheese

qiǎoKèLì (巧克力): chocolate

Qù (去): goes

SĀNmínGZhì (三明治): sandwich

SHĀLĀ (沙拉): salad

SHĒNG Qì (生氣): gets angry

Shì (是): is, am, are

shuǐjiǎo (水餃): Chinese dumplings

SHUŌ (說): says

SUĪrán (雖然): although

TĀ (他): he

TĀ de (他的): his

TĀ méN (他們): they

Tài hǎo le (太好了): that's great!

TĀNG (湯): soup

TĀNG lǐ (湯裡): in the soup

wǒ (我): I

wǒ de (我的): my

wǒ méN (我們): we

xǐ HUĀN (喜歡): likes, likes to

xiǎng (想): feels like

xiǎng Bù xiǎng (想不想): feel like or not?

xiǎng Yào (想要): want to

xiǎoXĪN (小心): Be careful!

xiónGMĀO (熊貓): panda

yÁ (牙): tooth, teeth

Yào (要): want

yě (也): also

YĪ Gè (一個): a (for some things)

YĪ Kuài (一塊): a piece of

Yì ZHĪ (一隻): a (for some animals)

YĪNwéI (因為): because

yǒu (有): have, has, there is/are

yǒu méI yǒu (有沒有): is there, have or not have

Yù (玉): jade

Yù TĀNG (玉湯): jade soup

Zài (再): again (in the future), further (do something)

Zài JIĀ (再加): additionally add, also add

www.ingramcontent.com/pod-product-compliance
Lightning Source LLC
Chambersburg PA
CBHW051351110526
44591CB00025B/2970